OS COMEDORES DE PALAVRAS

Edimilson de Almeida Pereira
Rosa Margarida de Carvalho Rocha

OS COMEDORES DE PALAVRAS

2ª Edição

MAZA
edições

Copyright © 2003 by Edimilson de Almeida Pereira e
Rosa Margarida de Carvalho Rocha

Diagramação e composição eletrônica
Elizabeth Miranda

Capa e ilustrações
Rubem Filho

Proibida a reprodução total ou parcial.
Os infratores serão processados na forma da lei.

Pereira, Edimilson da Almeida.
Os comedores de palavras / Edimilson de Almeida Pereira, Rosa Margarida de Carvalho Rocha. – Belo Horizonte : Mazza Edições, 2003.

20 p.; cm.

1. Literatura infanto-juvenil. I. Rocha, Rosa Margarida de Carvalho. II. Título.

CDD: 028.5
CDU: 087.5

Mazza Edições Ltda.
Rua Bragança, 101 – Bairro Pompéia
30280-410 Belo Horizonte – MG
Telefax: (31) 3481-0531 • *e-mail:* edmazza@uai.com.br

1. APRESENTAÇÃO

Você sabe o que é um "griot"? É como são chamados, na África, os contadores de histórias. Eles são considerados sábios muito importantes e respeitados na comunidade onde vivem.

Através de suas narrativas, eles passam, de geração em geração, as tradições de seus povos.

Nas aldeias africanas, era costume sentar-se à sombra das árvores ou em volta de uma fogueira para, aí, passar horas e horas a fio, ouvindo histórias do fantástico mundo africano transmitidas por estes velhos "griots".

Este livro fala de um contador de histórias.

De um país distante onde as árvores falam...

De um menino triste...

E de um tambor encantado...

II. OS COMEDORES DE PALAVRAS

No distante País das Árvores que falam vivia um contador de histórias, que viajava acompanhado de seu filho. Juntos atravessavam rios e montanhas.

Por onde passavam, o contador tocava o seu tambor e logo as histórias nasciam em sua boca. Eram vivas como a serpente do arco-íris.

Ao final das histórias, o contador desafiava os ouvintes:

*"Vim de muito longe
para as terras do senhor rei.
Venci o bicho silêncio
e minhas histórias contei."*

Todos aplaudiam, oferecendo presentes para o contador e seu filho. Um dia, porém, o Monstro Engolidor de Gentes levou o contador de histórias. O menino ficou triste, tão triste que seu cabelo se esqueceu do sol e da chuva.

O menino estava decepcionado por não saber histórias como o seu pai. Até o tambor tinha adormecido. A tristeza era tão grande que o menino resolveu morar no País dos Bichos Comedores de Palavras. Lá, ninguém lhe pediria para contar histórias e ele não sentiria vergonha por não sabê-las.

Depois de muito caminhar, chegou a uma casa cercada de árvores com olhos. Ali morava a Senhora-que-viu-tudo-neste-mundo. Ela perguntou-lhe:

— O que você faz tão longe de sua terra?

O menino contou a sua viagem e a luta de seu pai com o Monstro Engolidor de Gentes. Contou também sobre o tambor que adormecera.

Para distrair o menino, a Senhora disse-lhe tudo o que tinha visto no mundo. O menino ouviu com atenção. Em seguida, quis saber o caminho para chegar ao País dos Bichos Comedores de Palavras.

A senhora disse-lhe:

— Você deve viajar até a casa do Senhor-que-guarda-histórias-na-cabeça. Ele poderá ajudá-lo.

Assim fez o menino. E contou suas aventuras ao Senhor, que lhe recomendou:

— Quem pode ajudá-lo é a Senhora-que-tem-alegria-de-inventar-palavras.

Assim fez o menino. E narrou suas aventuras à Senhora, que lhe disse:

— Você não deveria buscar o País dos Bichos Comedores de Palavras.

— Mas sinto-me triste, Senhora. O tambor de meu pai adormeceu. Não sei como fazê-lo falar para a felicidade das pessoas.

A Senhora não insistiu, apenas indicou:

— Você precisa caminhar sete noites de lua crescente para encontrar o que procura.

O menino agradeceu e partiu. Depois de sete luas crescentes, avistou uma terra deserta. Seu coração estremeceu de medo. Mas ele avançou. Chegando a um portão de gelo, foi detido por vários bichos comedores de palavras. O mais terrível deles falou:

— Uhó...uhó...uhó... Antes de entrar, você deve dizer quem é. Depois de comermos suas palavras, você poderá passear pelo nosso jardim de silêncios.

Então, o menino que viu tudo neste mundo, que guarda histórias na cabeça e tem a alegria de inventar palavras começou a contar suas aventuras.

Os bichos comiam... comiam... comiam... comiam palavras. Elas eram de todas as formas e de todas as cores. Os bichos não podiam mais comer. Estavam plenos de palavras! Mas o menino continuava a criar histórias.

Por fim, os bichos gritaram:

— Você não pode entrar em nosso país, porque sabe inventar e contar mais histórias do que somos capazes de comer...

O menino estava novamente triste. Não havia lugar para ele no mundo. Caminhou sem direção até encontrar um velho que cuidava das árvores na beira da estrada. Pediu-lhe água e comida. O velho disse:

— Posso lhe dar o que me pede se você me der em troca este tambor.

— Sim, concordou o menino.

E passou as mãos no tambor para limpar a poeira que estava sobre ele. Ao mesmo tempo, começou a contar como viu tudo neste mundo e como venceu os bichos comedores de palavras.

Logo, as pessoas se ajuntaram para escutá-lo. O velho, então, falou:

— Não posso ficar com o tambor. Você é um contador de histórias e precisa dele para alegrar as pessoas.

O menino agradeceu ao velho contando-lhe a história da princesa que se casou com o dia. E seguiu adiante. Por onde passava, agradecia os regalos que recebia tocando o seu tambor. Todos se sentiam felizes por ouvir o menino que viu tudo neste mundo e contava histórias vivas como a serpente do arco-íris.

III. CADERNO DE ATIVIDADES

O CENÁRIO ONDE ACONTECEU

No distante País das Árvores que Falam...
Um contador tocava o seu tambor e as histórias nasciam...

Quando você leu nesta história estas frases, que imagens vieram à sua cabeça? Desenhe no espaço abaixo o que veio à sua imaginação:

AS PERSONAGENS

Conhecendo as personagens

Quando lemos histórias, nossa imaginação nos leva a formar uma imagem sobre os personagens e seu jeito de ser. Use sua imaginação. Desenhe algumas personagens da história:

O menino	Seu pai	"Senhora-que-viu-tudo-neste-mundo"
"Senhora-que-tinha-alegria-de-inventar-palavras"	"Bichos Comedores de Palavras"	"Senhor-que-guarda-histórias-na-cabeça"

A NARRATIVA

Entendendo melhor a narrativa

1) O "Monstro Engolidor de Gentes" levou o contador de histórias. O menino ficou triste e resolveu morar no "País dos Bichos Comedores de Palavras". Por quê?

_____
_____
_____
_____

2) Descreva o "País dos Bichos Comedores de Palavras".

_____
_____
_____
_____

3) "Os bichos Comedores de Palavras" não quiseram aceitar o menino em seu país, por quê?

_____
_____
_____
_____
_____

FANTASIA E REALIDADE

Para além da história

O País dos Bichos Comedores de Palavras era uma terra deserta, com jardins de silêncios e portas de gelo...

1) Se as histórias não pudessem ser contadas, como as crianças ficariam sabendo das histórias de seus avós, bisavós, enfim, de seu povo? Qual a sua opinião sobre o assunto?
   _____
   _____

2) Pense e responda: o que poderia acontecer a um povo que não soubesse as histórias de seu passado?
   _____
   _____

3) É importante conhecer a história de seus antepassados? Por quê?
   _____
   _____
   _____

4) Procure saber alguma coisa importante sobre seus bisavós, tataravós e escreva. Quem eram? De onde vieram? Como era sua vida? Qual o seu trabalho?
   _____
   _____
   _____

HISTÓRIA E CONTEXTO

A HISTÓRIA E A VIDA

1) Nos países africanos os velhos "griots" contadores de histórias são pessoas muito queridas e importantes. Elas são encarregadas de transmitir de geração em geração o modo de ser e de viver do seu povo, as histórias e as cantigas. Os velhos são os sábios das comunidades. Aqui no Brasil, os velhos também são tratados com o mesmo respeito que nas tribos africanas? O que você acha? Escreva.

_____
_____
_____

2) Aprender sobre os costumes de outros povos é sempre importante. O respeito aos mais velhos é uma das tradições do povo africano. Qual o ensinamento que podemos tirar deste costume africano para o Brasil e para nós mesmos?

_____
_____
_____

3) Os africanos que foram trazidos para trabalhar como escravos aqui no Brasil usaram as técnicas de contar histórias como uma das maneiras de preservar sua cultura. À noitinha, após o trabalho, histórias e cantigas relembravam a terra natal. Ao mesmo tempo transmitiam de geração em geração as religiões, as danças, o modo de ser e a própria história dos africanos trazidos para o Brasil. Muitos dos nossos costu-

mes são herdados deles, pois contribuíram de maneira efetiva para a formação da cultura brasileira. Você conhece alguns destes costumes? Quais? Troque ideias com os seus colegas e professores, pesquise e escreva sobre o assunto.

_____
_____
_____
_____

4) É importante contar e escutar histórias. Elas nos ensinam muitas coisas. Às vezes, as histórias contadas de pai para filho revelam fatos importantes que muita gente sabia, pois viu tudo acontecer, mas que não foram escritos nos livros por algum motivo. Por causa disso, outras pessoas que vieram depois não ficavam sabendo destes fatos. Você quer ver um exemplo?

"Zumbi dos Palmares foi um grande líder guerreiro. Ele comandou durante muitos anos o Quilombo dos Palmares. A sua história demorou a ser contada nos livros, mas sempre correu de boca em boca até chegar aos nossos dias. Você conhece a história de Zumbi? Quem foi ele? Qual foi sua luta? Que exemplo Zumbi nos deixou?

_____
_____
_____
_____
_____
_____

HISTÓRIA E ARTE

Usando a criatividade

1) Que tal você também se transformar em um contador de histórias? Você já conhece várias narrativas. Vai agora aprender a construir o seu tambor. Contar histórias você já sabe. Veja o desenho abaixo:

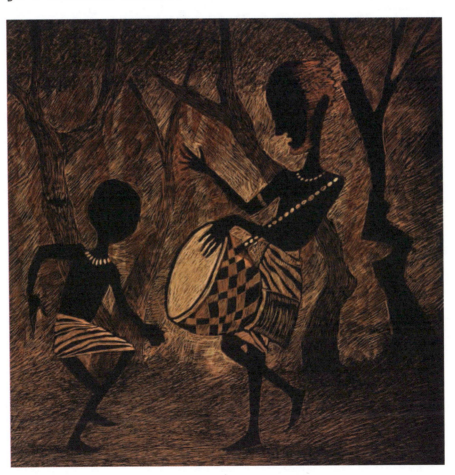

Desenhe e enfeite seu tambor com estas figuras.

Material:

Gravuras africanas recortadas em papel;
Lata de sorvete vazia;
Cola branca;
Lápis de cor.

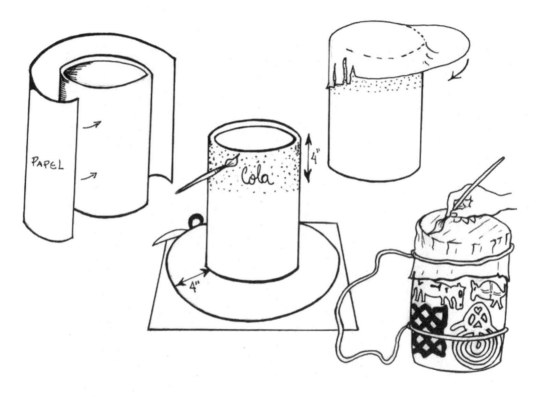

Agora que seu tambor está pronto, reúna seu pessoal (colegas de escola, amigos da rua, seus familiares) e organize um momento mágico de contar histórias, a exemplo dos velhos "griots" africanos. Eles levaram alegria e conhecimento a seu povo. Faça o mesmo!

2) As histórias de animais são muito apreciadas em várias regiões da África. Através delas os "griots" transmitem alegria e ensinamentos importantes para seu povo. Confeccione estes animais com dobraduras. Faça um bonito colorido usando cores variadas. Reúna seus amigos e promova uma sessão de contação de histórias.

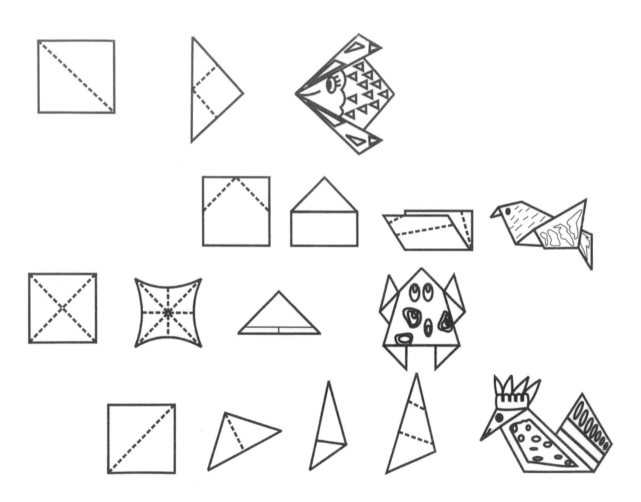

Este livro foi composto em
tipologia Drummond e impresso
em papel off-set 90 gm/^{2} (miolo)
e Cartão Royal 250 gm/^{2} (capa).